BEI GRIN MACHT SICH IHR WISSEN BEZAHLT

- Wir veröffentlichen Ihre Hausarbeit,
  Bachelor- und Masterarbeit

- Ihr eigenes eBook und Buch -
  weltweit in allen wichtigen Shops

- Verdienen Sie an jedem Verkauf

Jetzt bei www.GRIN.com hochladen
und kostenlos publizieren

Bibliografische Information der Deutschen Nationalbibliothek:

Die Deutsche Bibliothek verzeichnet diese Publikation in der Deutschen National-bibliografie; detaillierte bibliografische Daten sind im Internet über http://dnb.d-nb.de/ abrufbar.

Impressum:

Copyright © 2011 GRIN Verlag, Open Publishing GmbH
Druck und Bindung: Books on Demand GmbH, Norderstedt Germany
ISBN: 978-3-668-23147-4

Dieses Buch bei GRIN:

http://www.grin.com/de/e-book/201580/wie-entsteht-eine-soziale-wirklichkeit-einstieg-in-die-sozialontologie

Lisa Schiele

Wie entsteht eine soziale Wirklichkeit? Einstieg in die Sozialontologie von John Searle

GRIN Verlag

GRIN - Your knowledge has value

Der GRIN Verlag publiziert seit 1998 wissenschaftliche Arbeiten von Studenten, Hochschullehrern und anderen Akademikern als eBook und gedrucktes Buch. Die Verlagswebsite www.grin.com ist die ideale Plattform zur Veröffentlichung von Hausarbeiten, Abschlussarbeiten, wissenschaftlichen Aufsätzen, Dissertationen und Fachbüchern.

Besuchen Sie uns im Internet:

http://www.grin.com/

http://www.facebook.com/grincom

http://www.twitter.com/grin_com

RWTH Aachen

Philosophisches Institut

Seminar: Zur Ontologie sozialer Entitäten

John Searles Sozialontologie

Lisa Schiele

Abgabedatum: 25.02.2011

Inhaltsverzeichnis

1. Einleitung

In der folgenden Arbeit werde ich die Sozialontologie John Searles genauer betrachten. Das Ziel seiner Ausarbeitungen besteht darin, das Problem der Sozialontologie zu klären, das heißt herauszufinden, wie Menschen „eine ‚soziale' Wirklichkeit kreieren" (Searle 2009, S. 505). Unser Hauptaugenmerk wird hierbei auf den Gegenstand der Sozialontologie, also auf soziale Prozesse und Tatsachen, soziale Objekte und Ereignisse, gelenkt sein. Generell versucht Searle durch seine Ausführungen zu klären, inwiefern institutionelle soziale Phänomene „über die Sozialontologie hinausgehen, die bei sozialen Tieren vorliegt" (Searle 2009, S. 512). Seine Arbeit ist demnach ein Versuch zu erklären, durch welche Merkmale die menschliche Sozialontologie der tierischen überlegen ist.

Searle nimmt die soziale Wirklichkeit als menschliches Konstrukt an, die nur dadurch existiert, weil wir glauben und akzeptieren, dass sie existiert. Was macht etwa ein bedrucktes Stück Papier zu einem Geldschein mit einem bestimmten Wert? Wieso kann ein Tier dieselbe physische Beschaffenheit eines Geldscheins betrachten wie ein Mensch, aber doch nicht den Geldschein, sondern nur das bedruckte Papier sehen? In diesem Zusammenhang werden wir auf die drei Grundformeln Searles zur Beschreibung der Grundstruktur der sozial-institutionellen Wirklichkeit stoßen, und hierzu die kollektive Intentionalität, Statuszuschreibung und konstitutive Regeln und Prozeduren näher betrachten. Es soll beschrieben werden, wie zum Beispiel ein bedrucktes Stück Papier durch Statuszuweisung eine gewisse Macht erzeugt. Wie können auf Menschen durch die Zuschreibung eines Status deontische Kräfte[1] wirken?

Bevor wir uns diesen Fragen widmen können muss zunächst geklärt werden, wie soziale Tatsachen eigentlich möglich sind. Wodurch wird die Existenz der Ehe etwa bedingt?

---

[1] Der Begriff der Deontologie wird im Verlauf der Arbeit geklärt werden.

2. Merkmale der Wirklichkeit

Searle beschreibt soziale Tatsachen wie Geld, die Ehe oder Eigentum als objektiv existent. Ob ich als Einzelperson das Geld als solches anerkenne oder nicht beeinflusst demnach nicht die Existenz desselben; verneinte ich das Sein des Geldes, so läge ich objektiv falsch. Dennoch ist die Existenz sozialer Tatsachen wie der des Geldes von der Einstellung der Menschen abhängig. Erst die allgemeine Anerkennung und Akzeptanz des Geldes ermöglicht, dass das bedruckte Papierstück ein Geldschein ist. Der Wert des Geldes entsteht also nur durch die Anerkennung durch die Gesellschaft, wodurch etwa die Aussage ‚Dies ist ein 20-Euro-Schein' eine Tatsache beschreibt und objektiv richtig ist. Die Wahrheit von sozialen Tatsachenaussagen basiert demnach auf der allgemeinen menschlichen Anerkennung der betreffenden Tatsachen (vgl. Searle 2009, S. 505).

An dieser Stelle unterscheidet Searle zwischen zwei Merkmalen der Wirklichkeit: er beschreibt beobachterrelative Phänomene auf der einen und beobachterunabhängige Phänomene auf der anderen Seite. Als beobachterrelativ gelten Phänomene, deren Existenz von der Einstellung der Menschen abhängig sind, das heißt durch die Anerkennung vom Menschen bedingt sind. Hierzu gehören Aussagen wie ‚Dies ist ein 20-Euro-Schein', ‚Angela Merkel ist Bundeskanzlerin' oder ‚Bei einem Fußballspiel spielen elf gegen elf Spieler'. Beobachterunabhängige Phänomene hingegen sind gänzlich von der Einstellung des Menschen unabhängige Tatsachen wie chemische Reaktionen, das Wachstum von Pflanzen oder die physischen Beschaffenheit der Dinge.

Wie kann nun festgestellt werden, ob ein Phänomen als beobachterrelativ oder beobachterunabhängig anzusehen ist? Searle schlägt hierzu einen provisorischen Text vor, um dies prüfen zu können. Es müsse hierbei gefragt werden, ob das Phänomen hätte „existieren können, wenn es nie Akteure mit Bewusstsein gegeben hätte?" (Searle 2009, S. 505). Phänomene, die von solchen Wesen nicht beeinflusst würde, sind klarerweise beobachterunabhängig, andernfalls sind sie als beobachterrelativ zu bezeichnen.

Wieso nun ist dieser Test lediglich provisorisch und unzureichend? Diese Frage ist schnell geklärt. Die Existenz von beobachterrelativen Phänomenen wie Geld basiert auf dem Bewusstsein und der Anerkennung des Menschen. Ohne das menschliche Bewusstsein könnte Geld also nicht existieren. Das Bewusstsein und die menschlichen Einstellungen selbst sind hingegen beobachterunabhängig, da etwa die Existenz des menschlichen Bewusstseins nicht davon abhängig ist, ob die Menschen diese Existenz anerkennen. Die Tatsache, dass dies ein 20-Euro-Schein ist, hängt vom menschlichen Bewusstsein und seiner Einstellung ab, aber das Bewusstsein, das die Geldexistenz bedingt, ist selbst beobachterunabhängig. Wendet man nun das Prüfprinzip an und fragt, ob das Bewusstsein und die Einstellungen des Menschen hätten existieren können, wenn es niemals Wesen mit Bewusstsein gegeben hätte, so lautet die Antwort klarerweise nein. Das Bewusstsein würde diesem Test zufolge fälschlicherweise als beobachterrelativ eingeordnet. Das Prinzip ist daher mit Vorsicht anzuwenden (vgl. Searle 2009, S. 506).

Was also macht einen Geldschein zu demselben? Es ist sicher, dass es nicht die physische Beschaffenheit des Gegenstandes sein kann. Als die Deutsche Mark vom Euro abgelöst wurde, verloren die Geldscheine trotz Konsistenz der Beschaffenheit ihren Wert. Die notwendige Bedingung, die etwa dem Geld seinen Wert verleiht, liegt in der allgemeinen Akzeptanz der Gesellschaft. Der Mensch muss das Geld akzeptieren, anerkennen und glauben, dass es Geld ist, um es zum solchen zu machen. Die „beobachterrelative Existenz sozialer Phänomene [wird] durch eine Menge beobachterunabhängiger mentaler Phänomene kreiert" (Searle 2009, S. 506). Betrachten wir dies noch einmal verdeutlicht, so bedeutet dies, dass der Glaube der Menschen an das Geld selbst beobachterunabhängig ist, und dieser das beobachterrelative Phänomen der Geldexistenz bedingt.

Als besonderes beobachterrelatives Phänomen stellt Searle die Sprache heraus. Er ist der Ansicht, die gemeinsame Nutzung der Sprache bilde bereits einen Kontrakt der Menschen durch die Einigung auf dieselbe, wobei der Glaube an die Verständigungsmöglichkeit durch sie beobachterunabhängig sei. Searle nennt die Sprache als Voraussetzung für „die Existenz anderer sozialer Institutionen"

(Searle 2009, S. 507). Die Ehe, Eigentum oder Geld sind ohne die Sprache überhaupt nicht denkbar. Die Sprache hat demnach für andere soziale Institutionen eine „*konstitutive* Rolle" (Searle 2009, S. 508).

2.1 Notwendige Unterscheidungen

Um den weiteren Verlauf von Searles Ausarbeitungen zu beschreiben ist es notwendig, einige von ihm eingeführten Unterscheidungen an dieser Stelle anzuführen. Searle spricht von epistemischer Objektivität und Subjektivität, was etwas über den Wahrheitswert von Sätzen aussagt. Epistemisch objektiv sind Aussagen, die einen Wahrheitswert besitzen, wie zum Beispiel ‚Angela Merkel ist Bundeskanzlerin' oder ‚Eine Fußballmannschaft agiert mit elf Spielern auf dem Platz'. Ein epistemisch subjektiver Satz hingegen besitzt keinen objektiv feststellbaren Wahrheitswert. Es handelt sich hier sozusagen um Ansichtssachen, wie in den Aussagen ‚Diese Kette ist schöner als jene' oder ‚Genesis macht bessere Musik als Rammstein' (vgl. Searle 2009, S. 508).

Grundlegend für dies ist laut Searle noch die Unterscheidung zwischen ontologischer Objektivität und Subjektivität. Hierunter werden grob gesagt Einzeldinge verstanden. Ontologisch objektiv sind jene Dinge wie Berge, Masse oder die Erde, die beobachterunabhängig sind, also nicht von den Einstellungen des Menschen abhängen. Ontologisch subjektiv hingegen sind Dinge wie Schmerz, Gedanken, Trauer und so weiter, also das, was von einem Bewusstseinsträger empfunden werden muss, um zu existieren. Ontologisch subjektive Dinge sind demzufolge also beobachterrelativ (vgl. Searle 2009, S. 508).

Diese Unterscheidungen zugrunde legend erklärt Searle, das Beobachterrelativität ontologische Subjektivität impliziert, „aber ontologische Subjektivität schließt epistemische Objektivität nicht aus" (Searle 2009, S. 508f). Verdeutlichen wir dies am Beispiel eines Geldscheins. Ein Geldschein ist ontologisch subjektiv, da er ohne menschliche Einstellungen und Bewusstseine nicht existieren würde, ist demnach beobachterrelativ. Ich kann jedoch eine wahrheitswertfähige Aussage über einen Geldschein wie ‚Dies ist ein 20-Euro-Schein' machen. Aufgrund der

6

Tatsache, dass dieser Satz wahr sein kann, wenn man ihn im Bezug auf einen echten Geldschein macht, ist epistemische Objektivität hier möglich. Weiterhin betont Searle, dass „epistemische Objektivität [...] keine ontologische Subjektivität" (Searle 2009, S. 509) erfordert. Hiermit ist gemeint, dass wahrheitswertfähige Aussagen nicht nur über beobachterunabhängige, sondern auch über beobachterrelative Dinge gemacht werden können. Der Satz ‚Dies ist ein Kupferbrocken' ist genauso wahr oder falsch wie etwa der Satz ‚Ich habe Schmerzen', denn obwohl das Schmerzempfinden des Menschen beobachterrelativ ist, kann eine Aussage darüber wahr sein. Der Satz ‚Ich habe Schmerzen' also wäre beispielsweise ontologisch subjektiv, aber epistemisch objektiv.

3. Sozial-institutionelle Wirklichkeit

Searle zufolge ermöglichen und erzeugen erst die menschlichen Einstellungen die soziale Wirklichkeit. Er betont, dass alle sozialen Phänomene „in der Zuschreibung von Statusfunktionen mittels kollektiver Intentionalität" (Searle 2009, S. 510) bestehen. Statusfunktionen werden also durch die kollektive Intentionalität einem Gegenstand oder einer Person zugeschrieben, was die sozialen Phänomene erzeugt. Im Folgenden betrachten wir die drei Grundformeln Searles zur Beschreibung der „Grundstruktur der sozial-institutionellen Wirklichkeit" (Searle 2009, S. 510), welche durch die Schlagworte der kollektiven Intentionalität, der Funktionszuschreibung und den konstitutiven Regeln und Prozeduren abgedeckt werden (vgl. Searle 2009, S. 510).

3.1 Kollektive Intentionalität

Was ist kollektive Intentionalität? Searle versteht unter diesem Begriff ein kooperatives Verhalten wie etwa ein Duett zu singen, eine Unterhaltung zu führen oder ähnliches. Kollektive Intentionalität impliziert die Absicht, etwas gemeinsam zu tun, ein gemeinsames Hoffen oder Fühlen von etwas und so weiter. Wichtig ist hierbei, dass das Hoffen, Wünschen oder Handeln von mehreren Menschen geteilt wird, also dass geteilte Absichten, Überzeugungen oder Wünsche vorliegen (vgl. Searle 2009, S. 511). Kollektive Intentionalität liegt etwa bei einem Paar vor, das gemeinsam einen Spaziergang macht, wie auch bei der Gesellschaft, in der die Menschen den Glauben an die Existenz des Geldes teilen. Searles Ansicht zufolge ist kollektive Intentionalität „die psychologische Voraussetzung der gesamten *sozialen* Wirklichkeit" (Searle 2009, S. 511). Soziale Phänomene basieren demnach immer auf kollektiver Intentionalität. Eine Unterhaltung etwa basiert auf dem gemeinsamen Glauben an eine Verständigungsmöglichkeit durch die gemeinsame Sprache, das Geld basiert auf der gemeinsamen Akzeptanz und dem Glauben an dasselbe und so weiter.

Searle beschreibt die institutionellen Tatsachen als Teil der sozialen Tatsachen. Verdeutlicht sind institutionelle Tatsachen etwa Dinge wie Geld, Regierung oder Gerichte, wobei soziale Tatsachen mehr umfassen, wie auch Gedanken, Interaktion oder Sprache.

Searles Hauptinteresse im Text schließt hier an, wobei er die Frage, inwiefern institutionelle soziale Phänomene „über die Sozialontologie hinausgehen, die bei sozialen Tieren vorliegt" (Searle 2009, S. 512) in den Mittelpunkt stellt. Die kollektive Intentionalität allein reicht zur Erklärung sicherlich nicht aus, weil auch etwa das Rudelverhalten von Wölfen auf einer gewissen intentionalen Kollektivität basiert. Was also besteht in der menschlichen sozialen Wirklichkeit, das Tiere nicht aufweisen können?

3.2 Funktionszuschreibung

Menschen wie auch einige Tiere können Gegenständen Funktionen zuschreiben, die aufgrund der physischen Beschaffenheit der Dinge naheliegen. Der Mensch nutzt beispielsweise ein Tierfell, um sich zu wärmen, und schreibt ihm diese wärmende Funktion zu. Auch etwa bei Primaten lässt sich beobachten, dass sie Gegenstände mit einer Funktion versehen und sie als Werkzeuge verwenden, wie etwa einen Stock als Armverlängerung zu nutzen oder ähnliches. Searle beschreibt sämtliche Funktionen als beobachterrelativ, da die zugeschriebene Funktion des Gegenstandes auf den Einstellungen des funktionszuweisenden Wesens basiert.

Searle beschreibt dies am Beispiel des Herzens, wobei der Mensch aufgrund seines Überlebensinteresses und der Ursächlichkeit des Herzens für den Blutkreislauf eben das Blutpumpen als Funktion des Herzens festlegt. Dies ist laut Searle jedoch nicht die objektive Funktion des Herzens, sondern die Festlegung basiere nur auf dem Überlebensinteresse des Menschen. Je nach Prioritäten könnten demnach verschiedene Funktionen angenommen werden. Der Begriff der Funktion beinhaltet nach Searle mehr als jener der Ursache, weshalb die Ursache eines Phänomens dessen Erzeugung nicht als Funktion haben muss (vgl. Searle 2009, S. 512).

Betrachten wir kurz die bisher angeführten Beispiele, so lässt sich aus diesen noch nicht erkennen, dass der Mensch sich bei der Funktionszuweisung vom Tier unterscheidet. Bis jetzt sahen wir nur Funktionszuweisungen, die aufgrund der physischen Beschaffenheit naheliegend waren. Was kann der Mensch nun, das ein Tier nicht kann?

Die Antwort auf diese Frage liegt in der menschlichen Fähigkeit der Zuweisung einer Statusfunktion. Der Mensch kann Dingen eine Funktion zuweisen, die aufgrund der physischen Beschaffenheit nicht erschließbar sind (vgl. Searle 2009, S. 513). Die Funktion eines bedruckten Stücks Papier als Wertträger zu erkennen ist objektiverweise nicht so naheliegend die des Warmhaltens bei einem Polarbärenpelz.

Durch die kollektive Intentionalität wird Personen oder Gegenständen ein Status zugeschrieben, wie etwa ein Mann zum Richter ernannt werden kann, ein Stück Papier zum Geldschein wird oder ähnliches. Der Statusträger bekommt hierdurch eine Funktion, die ohne die Statuszuschreibung unmöglich ist, das heißt etwa Geld hat nun die Funktion, einen Wert zu repräsentieren, was ohne die allgemeine Anerkennung undenkbar ist. Diese Funktion ist ausschließlich durch kollektive Akzeptanz möglich, wobei Searle der Ansicht ist, „[m]enschliche Funktionen bestehen vorrangig in Statusfunktionen" (Searle 2009, S. 513).

Es ist also die Fähigkeit, Statusfunktionen zuzuschreiben, die den Menschen vom Tier unterscheidet. Dies bedeutet auch, dass die Zuschreibung von

Statusfunktionen den Unterschied zwischen der bloßen sozialen Wirklichkeit und der institutionellen Wirklichkeit ausmacht (vgl. Searle 2009, S. 513).

3.3 Konstitutive Regeln und Prozeduren

Betrachten wir im Folgenden noch die „logische Form der Zuschreibung von Statusfunktionen" (Searle 2009, S. 514), die Searle als konstitutive Regel formalisiert hat. Er entwickelte diesbezüglich die Form „X gilt als Y" oder allgemeiner „X gilt als Y im Kontext K" (Searle 2009, S. 514). Dies wird etwa am Beispiel ‚Angela Merkel gilt als Bundeskanzlerin Deutschlands' oder ‚Das Ass gilt als höchste Karte im Pokerspiel' deutlich.

Searle zufolge stehen institutionelle Tatsachen niemals für sich allein, sondern sind immer in einer Vernetzung von institutionellen Tatsachen einzuordnen. Geld zum Beispiel könne nicht als alleinstehend betrachtet werden. Das Geld lagert der Mensch auf seinem Konto bei einer Bank, wohin sein Arbeitgeber monatlich das Gehalt überweist und so weiter. Wie wir sehen ist die institutionelle Tatsache des Geldes von einer Vielzahl weiterer institutioneller Tatsachen umgeben, die ineinandergreifen (vgl. Searle 2009, S. 514).

Durch soziale Tatsachen entstehen Searle zufolge deontische Kräfte, also normative Kräfte, weshalb innerhalb der Gesellschaft deontologische Machtbeziehungen bestehen. Als deontische Kraft bezeichnet Searle „eine Reihe von Verpflichtungen, Rechten, Verantwortlichkeiten, Pflichten, Berechtigungen, Autorisierungen, Erlaubnissen, Erfordernissen" (Searle 2009, S. 515), die aus der Existenz von Statusfunktionen resultieren. Dadurch etwa, dass mir der Status ‚Landbesitzer' zugeschrieben wird, erhalte ich das Recht, darauf Agrarwirtschaft zu betreiben, die Autorität, darüber zu entscheiden und die Pflicht, Steuern dafür zu zahlen. Die entstehenden deontischen Strukturen bedingen wunschunabhängige Handlungsgründe. Dadurch etwa, dass jeder mein Eigentum anerkennt, sind alle gezwungen, mir mein Land unbeschadet zu lassen, selbst wenn dies gegen ihre eigentlichen Wünsche verstößt. Jene sozialen Tatsachen, die eine Deontologie mit sich bringen, halten laut Searle das Soziale zusammen (vgl. Searle 2009, S. 515).

Die Menschen unterscheidet sich laut Searle durch das Zusammenspiel aus „Statusfunktionen, deontischen Kräften und wunschunabhängigen Handlungsgründen" (Searle 2009, S. 515) von anderen Wesen. Der Sprache schreibt Searle hierbei eine zentrale Rolle zu, da sie die „Fähigkeit zu repräsentieren" (Searle 2009, S. 516) verleiht. Erinnerungen, Einstellungen und Überzeugungen zum Beispiel können durch Sprache repräsentiert werden. Searles Ansicht zufolge kann die institutionelle Wirklichkeit nur dann existieren, wenn „sie als existierend repräsentiert wird" (Searle 2009, S. 516). Nur durch Sprache können Übereinkünfte und Einigungen über Regierungen, Geld, Eigentum oder Ehe getroffen werden. Aus der bloßen Betrachtung eines Geldscheins erschließt sich nicht, dass dies ein Geldschein ist. Ein Tier kann dieselbe physische Beschaffenheit des Papiers sehen wie ein Mensch, und doch kein Geld sehen. Der Mensch kann im Gegensatz zum Tier eine institutionelle Wirklichkeit denken und sehen, die in den bloßen physischen Entitäten nicht enthalten ist. Er kann die Tatsachen auf einer höheren Ebene repräsentieren als ein Tier.

Greifen wir noch einmal kurz auf die „X gilt als Y im Kontext K"-Formel zurück. Das Tier kann, einfach gesprochen, nur das direkte X sehen, wenn es einen Geldschein betrachtet, also nur das bedruckte Papier wahrnehmen. Der Mensch hingegen weiß um den zugeschriebenen Status des Gegenstandes und kann einen Wert sehen, den er als Zahlungsmittel verwendet kann. Der Unterschied zwischen Mensch und Tier liegt hierbei in der Sprache, durch die der Mensch das Geld als solches repräsentieren und anerkennen kann. Sprache ist also konstitutiv für institutionelle Tatsachen (vgl. Searle 2009, S. 517).

3.4 Funktionen der Sprache

Die Zuschreibung eines Status erfolgt durch eine kollektive Akzeptanz, die in irgendeiner Form „linguistisch oder symbolisch" (Searle 2009, S. 518) erfolgt. Für eine Statuszuschreibung spielt die Sprache also eine wichtige Rolle, und laut Searle erfüllt sie vier Funktionen bei der „Konstitution institutioneller Tatsachen" (Searle 2009, S. 518), die wir im Folgenden kurz betrachten wollen.

Die erste Funktion der Sprache besteht in der Repräsentation von Tatsachen. Institutionelle Tatsachen können, wie wir gesehen haben, nur existieren, wenn sie als existent repräsentiert werden, was durch die Sprache erfolgt. Die Menschen müssen die Existenz dieser Tatsachen glauben und dementsprechend handeln, das heißt die Tatsachen repräsentieren, was durch die Sprache erfolgt. Die Statusfunktionen sind wie erwähnt mit Deontologie verbunden. Hier ergibt sich die zweite Funktion der Sprache: durch die sprachliche Repräsentation der Statusfunktionen erkennen Menschen die deontischen Kräfte – also Rechte, Verpflichtungen oder Autorisierungen – an (vgl. Searle 2009, S. 518f). Die Deontologie ist also von Sprache abhängig, und die Gesellschaft benötigt deontologische Kräfte für das soziale Zusammenleben. Die dritte Funktion der Sprache besteht darin, dass die deontischen Kräfte durch sie auch dann wirken können, wenn sie dem Menschen nicht aktuell bewusst sind. Ein Versprechen etwa hört nicht auf, verpflichtend zu sein, weil die Beteiligten gerade schlafen oder ähnliches (vgl. Searle 2009, S. 519).

Die vierte genannte Funktion der Sprache besteht darin, dass Institutionen nur durch Sprache anerkannt werden können (vgl. Searle 2009, S. 520). Wenn ich einen Geldschein in meiner Brieftasche als Wertträger ansehe, so muss ich zunächst das Geld als solches, als Institution, anerkennen. Der einzelne Geldschein ist nur ein Exemplar beziehungsweise eine Instantiierung der Institution, und die Anerkennung der gesamten Institution erfolgt „symbolisch bzw. linguistisch im allgemeinsten Sinn" (Searle 2009, S. 520).

4. Institutionen

Searles Theorie zufolge müssen die Träger von Statusfunktionen Statusindikatoren besitzen, um als Statusträger erkennbar zu sein. Ein Polizist etwa ist als solcher nur erkennbar, wenn er Uniform trägt. Statusindikatoren finden sich jedoch nicht nur in solch naheliegenden Fällen: jeder Bundesbürger erhält als Statusindikator einen Personalausweis, Autofahrer einen Führerschein und so weiter. Die Statusindikatoren gelten als Erkennungssymbole für die Statusfunktionen wie auch für deontische Kräfte (vgl. Searle 2009, S. 520). Erteilt mir ein uniformierter

Polizist eine Anweisung, so signalisiert der Statusindikator sogleich, dass der Träger das Recht hat, diese Anweisung zu geben, und dass ich gehalten bin, dieser Folge zu leisten.

Nun gibt es jedoch auch Institutionen, die keinen körperlichen Bezug beziehungsweise keine körperliche Grundlage besitzen. Searle nennt an dieser Stelle das Beispiel der Korporation, die nicht als physischer Gegenstand auszumachen ist. Diese werden im Gegensatz zu den bereits beschriebenen Körpern als „freistehende Y-Ausdrücke" (Searle 2009, S. 521) bezeichnet. In der genannten Formel ‚X gilt als Y' ist nun für diese Fälle schlicht kein X auszumachen, weshalb diese Institutionen mit ‚gilt als Y' formalisiert werden müsse. Verdeutlicht bedeutet dies, dass etwa die Korporation keinen Status beschreibt, der etwas zugeschrieben wird, sondern dass sie für sich besteht, ohne auf einen Körper bezogen zu sein.

Searle ist der Ansicht, dass auch Geld nicht zwingend eines physischen Körpers in Form von Scheinen und Münzen bedarf, um anerkannt zu sein. Er belegt dies mit dem virtuellen Geld und beschreibt, dass es nicht darauf ankommt, einem Gegenstand einen Status zuzuweisen, sondern dass die Menschen glauben, dass dieser Status existiert. Es ist wichtig, dass „Statusfunktionen im Allgemeinen eine Sache der deontischen Kraft sind" (Searle 2009, S. 523). Durch den Glauben an die Existenz und die Gültigkeit des Geldes bestehen deontische Kräfte wie etwa die Macht, mit dem Geld etwas erwerben zu können. Wichtig ist also nicht die physische Existenz von Geldmitteln, sondern „dass es eine Menge numerischer Werte gibt, die Individuen zugeordnet sind, und eine Menge formaler Beziehungen zwischen ihnen" (Searle 2009, S. 523).

Man muss also keinen Geldschein in der Hand halten, um Geld zu besitzen. Die Anerkennung des Wertbesitzes in Form von virtuellem Geld zum Beispiel ist hierzu äquivalent. Durch die Anerkennung der deontischen Kräfte akzeptieren wir nicht nur, dass X Macht hat, sondern auch, dass X die Macht „aufgrund seines institutionellen Status hat" (Searle 2009, S. 524). Aus dieser Erkenntnis aktualisiert beziehungsweise verallgemeinert Searle seine vorher aufgestellte Formel ‚X gilt als Y in K'. Die Bildung von Macht formalisiert er mit „Wir akzeptieren (S hat (die) Macht (S tut A))" (Searle 2009, S. 524). Versuchen wir im Folgenden zu klären, wie diese Formel zustande kommt.

Der Term ‚S tut A' beschreibt, dass ein Statusträger Rechte und Pflichten ausführt, also deontische Kräfte hat. Wir akzeptieren also, dass S die Macht besitzt, die mit dem Status verbundenen deontischen Kräfte umzusetzen. S steht hierbei für den Träger der Statusfunktion, also für einen institutionellen Status wie ‚Polizist', ‚Führerscheininhaber' oder ‚Bundeskanzler'. Wir akzeptieren also die Macht von S aufgrund der Statusfunktion, die ihm zugeschrieben wird, und mit der diese deontischen Kräfte einhergehen.

Durch die Schaffung von Institutionen wird die menschliche Macht vergrößert (vgl. Searle 2009, S. 525). Durch die Anerkennung von Geld zum Beispiel erhält jeder Besitzer von Geld je nach Vermögen mehr oder weniger Kaufmacht, durch Anerkennung der polizeilichen Macht erhalten die Polizisten Macht und so weiter. Für das Bestehen von Macht ist im Bezug auf Institutionen die menschliche Anerkennung unabdingbar. Ein akademischer Grad etwa ist wertlos, wenn die Gesellschaft ihn nicht als solchen anerkennt, und auch mit Geld kann nur dann bezahlt werden, wenn es akzeptiert wird.

4.1 Institutionelle Tatsachen

Searle beschreibt die Erzeugung deontischer Kräfte und damit die Erzeugung von Macht als Hauptzweck von Institutionen (vgl. Searle 2009, S. 527). Zu Ende seines Aufsatzes versucht Searle die verschiedenen Arten institutioneller Tatsachen aufzuklären (vgl. Searle 2009, S. 526). Seiner Ansicht zufolge gibt es zwei Arten institutioneller Tatsachen. Er trifft hierzu die Unterscheidung zwischen Statusfunktionen, „die Menschen zukommen, wenn physische Eigenschaften für die Statusfunktion wesentlich sind" (Searle 2009, S. 526) und allen anderen. Bei ersteren erhält der Mensch die Autorisierung etwas zu tun, zu dem er ohnehin bereits fähig ist. Searle bezeichnet dies als „assertive Deklaration" (Searle 2009, S. 527), wobei die Statuszuweisung nach der Tatsachenbetrachtung erfolgt. Ein Führerschein etwa erlaubt es dem Autofahrer, das Fahrzeug zu führen, und hierbei ist diese Autorisierung nicht ausschlaggebend für die Fähigkeit des Fahrers. Er kann das Auto auch ohne Führerschein fahren und weiß, wie alles zu tun ist, doch der Führerschein erlaubt ihm, dies umzusetzen. Der Fahrprüfer betrachtet zunächst die Fähigkeiten des Fahrers und stellt erst den Führerschein aus, nachdem er sich von den Fahrkenntnissen des Prüflings überzeugt hat. Die Statuszuweisung erfolgt also hier erst nach Betrachtung der Sachlage.

Ähnlich verhält es sich mit einer Arztzulassung, wobei der Arzt seine Kenntnisse und Fähigkeiten auch ohne die Lizenz besitzt, und durch ihren Erhalt lediglich autorisiert wird, seine Fähigkeiten einzusetzen. Es handelt sich hierbei demnach um die *Anerkennung von Befugnissen.*

Searle betont an dieser Stelle die notwendige Unterscheidung zwischen ‚Zertifizierung' und ‚Autorisierung'. Die Zertifizierung bestätigt die Fähigkeit der betreffenden Person, wogegen die Autorisierung ihr nun auch ermöglicht, X auszuführen. Eine Führerscheinprüfung also gilt hier als Zertifizierung, der Führerschein hingegen autorisiert die Person zum Fahren. Eine Zertifizierung muss der Autorisierung stets vorausgehen, das heißt um einen Führerschein zu erhalten muss stets die Prüfung abgelegt werden, aber auf eine Zertifizierung muss keine Autorisierung folgen, das heißt etwa wenn man einen akademischen Grad erreicht, so muss darauf keine Autorisierung zu etwas Bestimmtem folgen (vgl. Searle 2009, S. 528).

Mit der zweiten Gruppe verhält es sich nun etwas anders. Nehmen wir hierzu als Beispiel das Geld. Geld hat von allein keine Macht, und ohne die allgemeine Anerkennung desselben könnte damit auch nichts bezahlt werden. Die kollektive Akzeptanz des Geldes bedingt seine Macht. Unter die *institutionelle Macht* fällt auch etwa, Präsident zu sein. Die Beschaffenheit und die Fähigkeiten von Angela Merkel beispielsweise reichen allein nicht aus, um das Amt des Bundeskanzlers auszuüben. Hierzu ist mehr notwendig; die deontischen Kräfte, die mit dem Status einhergehen, sind hierzu unbedingt nötig. Erst durch diese entstehen positive Befugnisse wie Autorisierungen und Machterteilung wie auch negative Befugnisse wie die Pflicht zur Steuerleistung und ähnlichem.

Searle erwähnt kurz, welche institutionellen Tatsachen es weiterhin gibt, die jedoch in seinem Aufsatz keine Beachtung erhielten. Die Aussage ‚Heute ist

Heiligabend' etwa ist eine institutionelle Tatsache. Die kollektive Anerkennung dieser Aussage erzeugt zum Beispiel, dass an diesem Tag (gewöhnlich) nicht gearbeitet werden muss. Die Aussage ,Heute ist der 26. Juni' hingegen ist keiner dieser Fälle, da hier „keine Zuweisung einer Statusfunktion, die eine Deontologie mit sich führt" (Searle 2009, S. 531), vorliegt. Die kollektive Anerkennung der deontologischen Kräfte ist demnach Voraussetzung für institutionelle Tatsachen. Weiterhin ist beispielsweise eine Freundschaft eine institutionelle Tatsache, da sie für beide Parteien Verpflichtungen und Verantwortlichkeit mit sich bringt. Ein Trinker zu sein hingegen ist beispielsweise keine institutionelle Tatsache nach Searle, da keine anerkannten deontologischen Kräfte vorliegen. Nach Searle sind es Tatsachen, die eine Deontologie mit sich bringen, die das Soziale zusammenhalten (vgl. Searle 2009, S. 533).

5. Kritik

Im Folgenden möchte ich einige unklare und kritische Punkte an Searles Theorie herausstellen, um eine Aussage über die Qualität seiner Theorie machen zu können.

Das provisorische Prinzip, anhand dessen Searle zwischen beobachterrelativen und beobachterunabhängigen Phänomenen unterscheidet, ist nicht nur im Bezug auf die Einstellungen der Menschen fragwürdig. Zur Erinnerung lautet diese Frage ,Hätte die Tatsache existieren „können, wenn es nie Akteure mit Bewusstsein gegeben hätte?" (Searle 2009, S. 505). Beziehen wir diese Frage etwa auf einen Computer. Verständlicherweise ist diese Entität nicht von unserer Einstellung über sie abhängig und existiert unabhängig von unserem Bewusstsein. Dennoch zweifle ich an, dass es Computer ohne Menschen hätte geben können, denn einen zufälligen Zusammenschluss der Materien zu einem Gerät dieser Komplexität scheint ausgeschlossen zu sein. Dieses Problem tritt bei vielen Artefakten auf. Weitere Beispiele sind etwa Autos oder social networks wie ,Facebook'. Sie sind beobachterunabhängig, also nicht von unserer Einstellung über sie abhängig, aber basieren auf der Erfindung durch den Menschen, einem Akteur mit Bewusstsein. Die Unterscheidung zwischen

Beobachterunabhängigkeit und Beobachterrelativität ist demnach anhand des genannten Kriteriums eher ungünstig.

Eine weitere Unklarheit findet sich bei Searles Unterscheidungen zwischen epistemischer und ontologischer Subjektivität und Objektivität. In welche Kategorie ist etwa ‚Wärme' einzuordnen? Es scheint nicht eindeutig, ob Wärme objektiv vorhanden ist oder nur als solche empfunden wird, ob sie also ontologisch subjektiv oder objektiv ist. Für solche Begriffe, bei denen dies uneindeutig ist, sind selbstverständlich epistemisch objektive Äußerungen möglich, doch die Ontologie der Begriffe scheint zweifelhaft zu sein.

Zuletzt möchte ich auf eine unklare Stelle im Bezug darauf herausstellen, was Searle als – beziehungsweise nicht als – institutionelle Tatsache ansieht. Er ging davon aus, dass Freundschaft als solche zu betrachten ist. Weiterhin ist auch das Polizist Sein eine institutionelle Tatsache, da diese Statusfunktion mit einer Deontologie einhergeht. Bei der Tatsache ein Trinker zu sein jedoch beschreibt Searle diese nicht als institutionell. Übertragen wir dies etwa auf das Beispiel, ein Obdachloser zu sein. Laut Searle ist dies keine institutionelle Tatsache. Plausibel scheint an dieser Stelle allerdings das Gegenteil zu sein. In unserer Gesellschaft, die in gewissem Grade moralisch geprägt ist, erzeugt das Bemerken eines Obdachlosen zwar keine rechtlichen, aber moralische Pflichten, zu helfen. In der Realität und der Umsetzung sieht dies natürlich anders aus, aber theoretisch wird dadurch, dass ein Mann obdachlos ist, jedem die Pflicht auferlegt, auf etwas zu verzichten, um diesem Mann zu helfen. Es scheint also doch deontische Kräfte zu geben, die sich auf die Moral der Menschen bezieht; denen möglicherweise nicht nachgegangen wird. Die Linie, anhand derer Searle institutionelle Tatsachen von anderen trennt, scheint zumindest fragwürdig zu sein.

6. Fazit

Fassen wir Searles Sozialontologie an dieser Stelle noch einmal kurz zusammen. Laut Searle basiert die soziale Wirklichkeit auf der Anerkennung durch den Menschen. Nur dadurch, dass wir an Dinge wie Geld, Regierung oder Parteien glauben und diese anerkennen, ist deren Existenz und die soziale Wirklichkeit überhaupt möglich. Die Grundstruktur der sozialen Wirklichkeit beschrieb Searle anhand kollektiver Intentionalität, Statusfunktionen und konstitutiven Regeln, wobei die Zuschreibung von Statusfunktionen aufgrund der kollektiven Akzeptanz deontische Kräfte erzeugt. Fazit seiner Arbeit besteht in der Feststellung, dass der Mensch aufgrund seiner Fähigkeit, Dingen einen Status zuzuschreiben, die sie aufgrund ihrer physischen Beschaffenheit allein nicht besitzen, sich von einem Tier abhebt. Die gesamte institutionelle Wirklichkeit besteht nur aufgrund der kollektiven Akzeptanz und der Ausübung von Statuszuschreibungen, die dem Menschen vorbehalten ist.

Searles Ausarbeitung scheint strukturell gut aufgebaut und seine Argumentation ist bis auf wenige Punkte plausibel und nachvollziehbar. Seine Äußerungen bezüglich der Notwendigkeit der kollektiven Akzeptanz zugunsten des Bestehens von Statusfunktionen und Institutionen im Allgemeinen sind verständlich und gut überdacht. Die Theorie scheint nur an wenigen Punkten einer Überarbeitung zu bedürfen.

7. Literaturverzeichnis

Searle, John R. (2009): „Einige Grundprinzipien der Sozialontologie" in Hans Bernhard Schmid und David P. Schweikard (Hrsg.)(2009) „*Kollektive Intentionalität. Eine Debatte über die Grundlagen des Sozialen*". Frankfurt am Main: Suhrkamp Verlag.